Ad Astra Tome 2
précédé de la réédition du Tome 1

II

Svétoslava Prodanova-Thouvenin de Strinava

Ad Astra
Tome 2
Le journal d'Orion : Les Feux de la Saint-Jean

précédé de la réédition du premier tome :
Ad Astra
Tome 1
Prologue

Avec les illustrations de l'auteur

Rédaction linguistique et technique par Patrick Thouvenin de Strinava

Books on Demand

© 2015 Prodanova-Thouvenin de Strinava, Svétoslava

Éditeur : Books on Demand GmbH,
12/14 rond- point des Champs Élysées,
75008 Paris, France
www.bod.fr

Impression : Books on Demand GmbH,
Norderstedt, Allemagne

ISBN 978-2-3220-3943-2
Dépôt légal : août 2015

v

À Celui qui m'a guidée vers les étoiles
et à tous ceux qu'Il m'a donnés
à aimer...

Table des matières
Ad Astra Tome 2
précédé de la réédition du Tome 1

Tome 1
– Prologue
– Première rencontre
– Deuxième rencontre
– Troisième rencontre
– Un souvenir lointain
– Gabriel de la Pléiade

Tome 2
– Le Journal d'Orion
– Les Feux de la Saint-Jean

IX

X

Ad Astra
Vers les étoiles
Tome 1
Prologue

XII

PROLOGUE

LA NUIT étale son blanc argenté sur les champs et les forêts de Pavitta. La jeune Lune, rose et transparente comme l'oreille d'un nouveau-né, prête son ouïe tendue au chuchotement étouffé d'une journée qui disparaît dans l'infini du Temps :

Sous l'églantier un chaton abandonné file l'appel à peine audible de sa petite voix... L'églantier hérisse toutes ses épines.

Du grenier vient le son sourd d'un « cou-cou-miaou » de chouette, un écho complice à l'alerte impuissante de la bestiole esseulée...

La peur pèse sur le jardin et épaissit le crépuscule. Quelqu'un fait surgir la flamme craquante d'une allumette. L'herbe assourdit le bruit des pas autour de l'églantier.

PREMIÈRE RENCONTRE

LA LANGUETTE LUMINEUSE lécha l'obscurité et une constellation de fleurs roses brilla devant les yeux émerveillés du prince Orion.

– Un ornement digne des cheveux d'Astra — s'exclama le prince et tendit la main vers les branchettes de l'églantier. L'arbuste enfonça dans ses doigts le désespoir aigu de ses échardes.

– Per aspera ad Astra* — sourit Orion et sentit une chaleur qui se frottait à ses pieds.

* Jeu de mots avec la locution latine "Per aspera ad astra" — par les épines vers les étoiles

DEUXIÈME RENCONTRE

LE PRINCE se pencha et de nouveau tendit la main. Affolé, le chaton recula, puis, sentant les doigts fermes de « l'ennemi » enlacer son corps sans pesanteur, recourut à la force de ses griffes. Orion poussa un gémissement sourd et serra la petite bête contre sa poitrine.

– Allons chez Astra.

Résigné et affamé, le chaton lécha les gouttes de sang sur sa main.

TROISIÈME RENCONTRE

DU SANG — dit Astra, – sur tes doigts et la paume de ta main il y a du sang...

Le chaton roux, repu et apaisé, dormait sur le divan dans le petit creux qui trahissait son âge.

– Les traces d'un élan déraisonnable et de bonnes intentions réalisées — sourit le prince. – Je voulais enlever à un arbrisseau sa beauté et donner ma protection à un chaton. Ils se sont défendus épines et ongles. Nos mains portent les vestiges de nos œuvres — bonnes ou pas louables, elles sont des courbes encore plus fortes que les lignes du destin et de la vie. Je ne crois pas la chiromancie, mais je suis persuadé que ce que nous faisons ou omettons à faire trace le graphique de notre vie. Regarde ici, cette cicatrice... Je m'étais promis de ne jamais oublier...

UN SOUVENIR LOINTAIN

MÊME LE SOLEIL brillait ce jour-là d'un éclat exceptionnel pour célébrer l'importance de l'instant... De cet instant précis où l'on prend conscience de sa place, et peut-être de son rôle dans l'Univers...

Pendant mon enfance l'Univers se limitait à l'enceinte du jardin du Palais, et naturellement le centre de cet univers restreint était ma propre personne qui cherchait son chemin à l'aide d'une boussole pas très fiable qui portait le nom de miss Staford. Une boussole qui pouvait aisément et par bêtise me faire perdre le Nord, et malgré mon jeune âge j'avais appris de ne lui faire confiance que très partiellement.

C'était un matin clair et frais. Selon ses principes stricts miss Staford insista qu'on sorte « en plein air » avant même que la faucille fine de la Lune disparaisse complètement dans la lumière abondante du Soleil. Nous nous installâmes près du lac ombragé, et je suivis le reflet du croissant pâlissant qui, nous approchant, flottait telle une brindille de bouleau sur les eaux vertes.

Une douceur effleura la poignée de ma main et me fit détourner les yeux de ce spectacle saisissant. Le chaton que j'abritais depuis un mois dans ma salle de classe, et qui avec sa lignée pas très noble provoquait le mécontentement de miss Staford, frottait son museau contre ma main. Sans réfléchir je le pris brusquement et le suspendis au-dessus du reflet lunaire. Je prononçai solennellement : « Tu es le premier chaton qui marchera sur la Lune » et je lâchai la protection de mes doigts autour de son menu corps. La petite créature désespérément enfonça ses griffes dans la paume traîtresse de ma main avant de tomber dans l'eau et de battre avec un désespoir encore plus amer sa tiédeur verdâtre. La douleur ne m'empêcha guère d'apercevoir la canne finement sculptée qui dépassa la bordure entourant le lac, se tendit vers le chaton qui saisit son aide salutaire, et porta son corps hérissé sur la rive. Une main aux doigts beaux, forts et souples, prit la pauvre créature, la porta à une poitrine large, et le chaton disparut dans les plis d'une énorme cape bleue...

C'est ainsi que je rencontrai pour la première fois Gabriel de la Pléiade.

GABRIEL DE LA PLÉIADE

– **PERMETTEZ-MOI** de me présenter — l'homme à l'apparition salvatrice (si souvent par la suite fit-il usage de ce don !) s'inclina discrètement et sans effort malgré sa canne et le chaton sous la cape. – Gabriel de la Pléiade, ambassadeur de l'Infini dans la cour du roi Léonard de Pavitta. – J'ai l'impression que les luminaires provoquent votre vif intérêt, mon prince ?

– Un intérêt maladif, je m'efforce de le satisfaire, mais... — miss Staford arrêta son sermon exténuant habituel — l'ambassadeur lui adressait un regard sévère qui ne manquait toutefois pas de condescendance.

– Quel nom avez-vous donné à votre chaton — s'enquit Gabriel de la Pléiade pour surmonter le silence gênant.

— Étoile — dans les habitudes irritantes de miss Staford était aussi celle de répondre à ma place trois fois sur quatre... — un animal qui n'est pas digne — cette tirade-ci, l'envoyé de l'Infini l'arrêta avec un geste maîtrisé.

— Nous le réchaufferons avec de belles braises d'étoiles — murmura Gabriel de la Pléiade en me faisant signe de le suivre.

Ce geste complice je le connaissais. C'était ainsi que ma Mère m'amenait dans ses jardins secrets... avant de disparaître dans un infini qui dépassait mon entendement d'enfant... Gabriel de la Pléiade venait aussi d'un Infini, un autre, plein de vie, d'élégance et de beauté, un Infini qui unissait le Bien et le Beau comme dans la philosophie hellénistique, matière que ma préceptrice m'enseignait sans beaucoup de conviction et sans conscience de ma passion pour le sujet...

Mes passions... cet étrange ambassadeur les ravivait avec une aisance étonnante... Je le suivis, miss Staford marchait une moue mécontente à ses lèvres capricieuses, mais ses arguments désespérément hostiles à cette expédition improvisée n'arrivaient pas à détruire le charme puissant de cet envoyé majestueux, sévère et tendre, enveloppé d'un mystère envoûtant, pour qui il n'y avait en ce moment rien de plus important que Étoile, cette chatte très ordinaire dont la présence dans le Palais n'y ajoutait aucun élément de somptuosité... Comme elle je m'abritais dans l'aura de Gabriel de la Pléiade, le suivant avec confiance, sans même me rendre compte que nous avions quitté mon petit univers pour sortir dans les champs, là où la terre touche le ciel. Le ciel versait une lumière généreuse, et les oiseaux volaient droit vers sa prunelle brillante, plongeaient dans son disque étincelant pour allumer leur pennage des couleurs d'arc-en-ciel. Alertés par nos pas, des petits lézards traversaient en flèche les pierres réchauffées par les premières ardeurs du jour, et dans les coupes des fleurs les abeilles s'affairaient en répétant avec application leur chant monotone.

Je me suis senti perdu dans ce vaste monde, mon corps fondait en devenant une substance lumineuse, dans laquelle, effrayé et émerveillé, mon cœur battait à la folie... J'avais quitté l'espace qui avait pour centre ma propre petite personne en suivant un homme que il y a une heure je ne connaissais même pas... Je lui fis confiance car avec un seul geste il avait su éliminer les conséquences de ma cruauté irraisonnée. Sans encore le réaliser, je reconnus en lui une boussole plus vraie que miss Staford, car la miséricorde est un guide plus fidèle que les préjugés...

Gabriel de la Pléiade s'arrêta sous un vieil orme touffu et dit :

— Votre altesse, je me rends compte que je vous demande ce qui n'incombe guère à votre rang, mais cela s'impose — il faut débroussailler un peu ces lieux, et il faut le faire les mains nues... – Il ajouta tout bas — C'est à nos mains de réparer les dégâts qu'elles ont causés... Êtes-vous disposé de m'aider ?

Il parlait sans perdre du regard de ses yeux pénétrants mon enseignante malheureuse, bien obligée d'avaler ses objections.

Pendant que nous préparions la place pour le feu, Étoile restait sagement blottie sous la cape de l'ambassadeur, et quand elle osait pointer son museau sous les plis bleus, ses yeux griffaient avec plus d'acharnement que ses ongles. Elle ne m'avait pas absous... Il fallait que je lui accorde du temps avant de tenter à nouveau de m'abriter dans la pelote moelleuse de son amitié... Je laissai mon regard se perdre dans l'étendue élevée au-dessus de nous, qui m'avait toujours attiré avec l'éclat éternel des luminaires. La Terre ne tournait plus autour de moi, elle faisait son chemin dans l'espace, appliquée à observer les heures de l'aurore et du crépuscule, soucieuse de nourrir ses habitants, ses enfants perdus à mi-chemin entre les ténèbres de la nuit et le brillant discret de l'aube... C'est à cet instant que j'ai découvert Pavitta et pris conscience de mon devoir de souverain envers la terre de mes ancêtres...

Les étoiles vertes descendent l'horizon, le ciel tourne tel un kaléidoscope vivant, unit et disperse les astres, et mon cœur d'enfant hésite entre la joie de me hisser sur les pointes des pieds et les effleurer, et la crainte de quitter le giron maternel de la Terre. Cette Terre, dont le souffle chaleureux m'enivre avec le parfum suave de la sarriette sauvage. Elle, qui chante pour moi la berceuse des grésillons et me réveille avec l'appel amoureux des cerfs. Cette Terre, qui suscite la fascination des étoiles et retient leurs regards émerveillés. Pavitta, la patrie perdue que Gabriel de la Pléiade m'a rendue et m'a appris à aimer. En vrai envoyé de l'Infini, il avait transformé Pavitta en chemin étoilé vers les cieux, en pont suspendu sur les chutes des astres. Ma Terre de rêve, je ne puis m'arracher à elle, je n'arrive à croire l'existence d'une étoile plus fascinante que les feux de ses aurores, plus désirée que la fraîcheur de ses soirées, plus envoûtante que les auréoles colorées sur les eaux mousseuses qui jaillissent de son sein... Gabriel la fiançait avec le ciel, et dans ses herbes, telles des étoiles égarées doucement brillent les pétales de marguerites... Et prédisent l'Amour...

Pavitta, matin d'été
24.05.2015

Demain je quitterai Pavitta. Je veux amener avec moi le meilleur de cet amour. Je suis venu pour te dire au revoir, Astra. À l'aube je m'envole avec Gabriel. Pour longtemps. Je te laisse mon journal. Avec le souvenir de notre enfance, pour qu'il t'amène vers mon amour. Je dois aller, et toi, assieds-toi près de la fenêtre et lis mes confessions. Ainsi nous marcherons ensemble sur les sentiers des étoiles...

Le souffle puissant du vent ferma la porte derrière Orion. Le chaton dormait la tête sur le tome épais relié en rouge... Astra prit la petite bête et le journal du prince, et dirigea ses pas légers vers l'escalier menant au grenier. Le grenier a toujours été son refuge — elle y venait pour cacher sa douleur ou pour jubiler ses victoires. Le grenier était vaste et clair, tel l'avaient voulu Fabiola et Slav, et contrairement aux autres combles dans la bourgade, il avait une grande fenêtre qui donnait pendant le jour sur le canyon pittoresque de l'Andec, et la nuit se transformait en baie lumineuse ouverte vers le ciel semé d'étoiles...

Astra s'assit sur le coffre ancien où, soigneusement rangés par la Guérisseuse, dormaient ses jouets et robes d'enfant, installa sur ses genoux le chaton et envisagea un court moment l'étendue scintillante au-dessus de son monde endormi...

– Hou-hou-miaou — cria du haut de la charpente la chouette qui y avait son nid. Dans le crépuscule du toit ses yeux luisaient comme les astres, inquiets de ce qui se passe sur la Terre aux heures de la lune pâle et distraite...

– Miaou — répondit mollement le chaton et sombra de nouveau dans ses rêves.

Astra ouvrit le volume rouge et, sous la lumière des étoiles bienveillantes, lut sur la première page son prénom...

À suivre...

XXX

XXXI

**Les champs de Pavitta
Peinture sur taffetas**

XXXII

XXXIII

XXXIV

À Touf, à Gaspard, à Grey, à notre cher teckel Titus, et à toute envolée de nos amis fourrés vers le grand espoir.

XXXVI

Ad Astra
Vers les étoiles
Tome 2
Le journal d'Orion : Les Feux de la Saint-Jean

XXXVIII

LE JOURNAL D'ORION

Orion, prince héritier du petit royaume de Pavitta, part vers les étoiles avec son mentor Gabriel de la Pléiade, ambassadeur de l'Infini dans la cour de Pavitta. La veille de son départ il passe prendre congé de l'amie de son adolescence, Astra, et lui laisse son journal.

LES FEUX DE LA SAINT-JEAN

ELLE s'appelle Astra. Cette fille s'appelle Astra. Monsieur de la Pléiade a donné à sa fille le prénom d'Étoile, et cette inconnue qui croise toujours mon chemin se nomme Astra. Comme si les étoiles avaient reçu l'ordre de venir à moi... Il y a quelque chose de prémonitoire dans tout cela...

Pour l'instant ma seule source d'information sur cette fille, présente depuis si longtemps dans ma vie et restée mystérieuse comme les lointaines flammes célestes derrière leur voile de nuées, mon seul lien avec son existence est miss Staford. Les fonctions nouvelles de mon ancienne préceptrice lui laissent suffisamment de loisir pour apprendre, trier et repandre tous les potins du royaume, au point qu'elle est considérée comme l'experte des « on-dit » de Pavitta. Même mon Père et Gabriel de la Pléiade ont recours à ses services dans ce domaine, certes avec beaucoup de prudence.

J'ai du mal à être prudent. Astra m'intéresse plus que le ciel étoilé, au moins en ce moment. J'ai oublié mes études d'astronomie depuis un certain temps, plus précisément depuis le jour d'une rencontre dans la forêt qui raviva mes souvenirs d'enfance...

Mon premier souvenir d'Astra associe cette fille pas comme les autres à la sensation de la liberté. Une sensation inconnue pour moi à l'époque, ou plutôt oubliée... C'était un jour d'été, peu après la première apparition de Monsieur de la Pléiade dans ma jeune existence. Depuis, Gabriel n'avait pas perdu son temps et avait pu obtenir de mon Père son accord sur une présence soutenue de l'Ambassadeur de l'Infini auprès du prince héritier, c'est-à-dire auprès de moi. Cet accord eut pour mérite de limiter l'influence de miss Staford sur le futur souverain de Pavitta et ...

d'amener une grande bouffée d'air pur dans ma vie soumise à tant d'obligations.

Ce jour d'été l'air pur au sens propre du terme enivrait le bois de Kérek dont j'arpentais depuis une heure les sentiers en compagnie de mon nouvel ami en train d'écouter son discours passionné sur les merveilles de la nature sous le regard gai et attentif de sa fille Étoile dont l'amitié faisait partie de mes récentes conquêtes. C'est là qu'apparut cette autre fille si différente de tous les êtres humains que le destin avait voulu jusqu'alors placer sur mon chemin.

Comme pour Gabriel de la Pléiade et son arrivée dans ma vie, c'était une apparition, presque une vision, pas une rencontre. La lumière verte de la forêt appela à l'existence, allant sur le même sentier, une belle femme modestement habillée qui tenait la main d'une frêle fillette dont la robe rose se détachait sur sa jupe couleur de la terre chaude, dans les plis de laquelle la petite serrait sa joue. Dans cette cachette rassurante brillaient, comme allumés d'un feu astral, deux yeux, tels deux morceaux d'ambre qui se souvenaient encore du cataclysme transformant la résine vivante en pierre. En un minuscule instant j'ai vu dans ces yeux le combat désespéré de la lumière qui fait face aux ténèbres, cette volonté de résister, de vaincre, de vivre... Je pense que la fascination de cet instant restera avec moi tant que je respire...

La femme nous salua en pressant le pas. La fille essayait de la suivre légèrement traînant le pied gauche. Sa cheville était soigneusement pansée, et, semblait-il, lui faisait mal. Nous ayant dépassés toutes les deux ralentirent l'allure.

Gabriel sourit et dit tout bas :

— La Guérisseuse... fidèle à elle-même...

Nous continuâmes notre promenade, mais mon nouveau mentor resta silencieux et pensif. Le silence gagna aussi sa fille qui observait avec une attention accrue le mouvement de la nue à l'horizon, là où, derrière la crête des montagnes, s'étendait le minuscule royaume de Litak...

J'ignorais leurs pensées et les suivais gardant quelque part en moi-même, intimement, le souvenir de cette fille qui désormais allait surgir sur mon chemin et marquer mon esprit, toujours inattendue, à jamais bienvenue...

Bienvenue, d'où qu'elle vienne... Elle apporte la fraîcheur des bosquets et le doux arôme des champs, la liberté du vent et le mystère des étoiles... d'où qu'elle vienne...

Selon les dires de miss Staford cette fille vient de Litak... L'histoire que l'on raconte au goûter de cinq heures chez mon ex-préceptrice est longue et ravive dans mon esprit des souvenirs aussi effrayants que fascinants de la dernière année de la vie de ma Mère. Litak voisin brûlait, les champs, les forêts et les villes en flammes faisaient peur à Pavitta où l'on se rappelait l'ancien dicton qui prévient « Quand la maison du voisin part en fumée, l'incendie viendra lécher tes murs... »

Ma Mère restait assise près de la fenêtre, me tenait dans son étreinte et essayait de dissiper notre angoisse commune en me lisant des contes drôles...

La fumée obscurcissait l'horizon et les oiseaux criaient leur épouvante. Pour les hommes pris de crainte et de compassion la frontière entre Pavitta et Litak n'existait plus comme pour ces fragiles messagers entre les cieux ténébreux et la terre embrasée...

Entre les braises de la terre qui consumaient le passé et l'avenir de Litak, et les braises du ciel qui allumaient et célébraient l'amour ardent de l'été et de l'automne, galopaient les troupeaux affolés des cerfs, chassés par l'incendie, et cherchaient les passages de la miséricorde...

La gueule de dragon enflammée qui dévorait Litak et les bras émeraude qui berçaient Pavitta... c'était la même montagne... C'est en observant l'horizon embrasé de nos deux royaumes que j'apprenais à connaître la double face du monde, débonnaire ou cruel, démasqué ou caché, le côté invisible des choses, les secrets de l'univers des hommes et des étoiles...

Seul le Maître de cet Univers que les prières de ma Mère me révélaient, pouvait tourner vers tous et chacun la face de sa miséricorde. En ces jours d'épreuve la miséricorde contournait (me semblait-il) les confins de Litak, dessinés par le rouge et l'orange brûlants du feu. Des années plus tard j'allais connaître l'œuvre étonnante de la miséricorde, aussi invisible et insondable que les secrets de l'Univers...

Pour l'instant Litak étouffé implorait de l'aide. À la tête d'une petite armée mon Père suivait depuis des semaines les sentiers dévastés par les flammes portant secours au souverain et aux habitants de Litak. On racontait que le jour de son départ une jeune femme courageuse et dévouée a suivi les soldats à dos de son cheval Bourrasque connu pour sa capacité de trouver au flair les prés d'herbes médicinales...

... Deux mois plus tard elle amena sur sa selle une petite étoile dont la lumière a failli s'éteindre. Et lui donna le nom d'Astra.

Encore quelques années survolaient les collines de Pavitta et cet astre magique illumina le ciel de mon existence, à la frontière d'enfance et d'adolescence, là où la lumière qui nous conduit vers notre propre vérité se fait plus forte, dévoilant les secrets du cœur.

Des années durant, à Pavitta, on

racontait l'histoire de son sauvetage. D'où la connaissait-on ? Mystère. Ni la Guérisseuse ni la petite Astra ne l'auraient confiée à quiconque. Cette histoire ressemblait à une légende que les contrées de Litak et de Pavitta auraient engendrée dans le giron vert de leurs forêts et avec laquelle on berce les enfants au coin du feu pendant les soirées grises et fraîches de l'automne givré.

Dans cette légende il y avait aussi un secret, une énigme qui résonnait au fond de mon cœur et m'attachait à Astra...

Les doux secrets des jeunes cœurs et la Fête de la Saint-Jean ! Aujourd'hui, le soleil se levait à l'Est comme un feu énorme allumé pour la Fête, et les vaisseaux des nuages hissaient leurs voiles blanches pour un long voyage vers le pays de l'amour. Le jour s'annonçait frais et généreux en lumière, abreuvé de la rosée de l'été naissant.

Tout se passait différemment aujourd'hui ! Après un petit déjeuner qui n'a pas duré on nous amena dans la salle de classe où nous attendaient déjà Gabriel de la Pléiade et Clara Lichte, notre nouvelle préceptrice — depuis peu elle remplaçait miss Staford dans cette fonction sur les recommandations de l'Ambassadeur de l'Infini. Freulein Lichte portait ce matin une jolie couronne de fleurs sur ses cheveux blonds — des simples à-tous-vents qui illuminaient le visage de notre jeune professeur et remplissaient de lumière toute la salle de classe. Évidemment on ne pouvait pas imaginer miss Staford derrière le pupitre de l'enseignant dans cette tenue... Nos deux mentors souriaient en attendant que nous prenions nos places. Puis Gabriel laissa la parole à Mademoiselle Lichte :

– Mes chers élèves, votre Altesse, mademoiselle de la Pléiade, aujourd'hui nous tous avec le peuple de Pavitta célébrons l'amour, selon les rites et les coutumes anciennes de notre pays. Nous sommes là, Monsieur de la Pléiade et moi, pour vous aider à préparer la Fête, pour répondre à vos questions, si vous avez des questions à nous poser...

– Qu'est-ce que l'amour ? – balbutia Étoile, pensive.

Nos enseignants échangèrent un regard furtif, puis Gabriel, mieux préparé pour nos interrogations surprises, prit la parole :

– L'amour c'est le principe sur lequel est construit l'Univers. Un principe, une force, une puissance, un pouvoir... Si vous l'avez avec vous, s'il vous habite, tout vous sera possible... L'amour abreuve la terre de pluie et couvre de neige la semence endormie, envoie la lumière des étoiles et repend l'éclat du soleil, l'amour est tout en tout et il vient avant toute chose pour appeler le monde à la vie...

Freulein Lichte écoutait cet hymne à l'amour le regard perdu dans la lumière abondante derrière les vitres de la salle de classe. Puis elle prit la place de Monsieur de la Pléiade et ajouta simplement :

– C'est l'amour que vous allez chercher ce soir sur les rives de l'Andec. Je n'ai jamais été sûre que c'est la vraie voie vers l'amour... mais enfin... un peu de hasard ne nuit à personne et que le Ciel aide votre innocence !

Nos enseignants partirent le

sourire complice dans leurs yeux, nous laissant pour toute la journée à nous-mêmes et à nos préparatifs. Une bonne partie du temps Étoile fit le va-et-vient entre sa chambre et la mienne, apportant les dessins de ses robes — j'étais censé dire laquelle conviendrait le mieux pour la Fête. Je n'en savais rien... et choisis par hasard une robe aux couleurs vertes du printemps. Plus jeune que moi et habituée à m'admirer comme la sœur cadette admire son frère aîné, Étoile crut mon choix, prit ses dessins et me laissa seul à mes observations des mouvements de la cour des audiences sur laquelle donnait une des fenêtres de ma chambre...

La lumière inondait cette vaste cour entourée d'énormes buis qui embaumaient ce radieux matin de juin, estompait les formes et mélangeait les couleurs, rendait presque invisibles les silhouettes des visiteurs peu nombreux en ce début de la matinée.

Je vis sortir le secrétaire de la

chancellerie qui invitait le suivant. La lumière poussa vers l'ombre de l'entrée deux visiteuses dont je ne distinguais qu'avec difficulté les contours et le mouvement. Elles s'arrachèrent de l'étreinte aveuglante du clair et entrèrent sous l'ombrage des platanes qui bornaient la massive porte de l'entrée. Même de mon poste d'observation éloigné je les reconnus, remerciant les Cieux — c'étaient la Guérisseuse et sa fille.

... Elle est venue au Palais avec sa Mère, enfin, avec sa mère adoptive, qui n'est autre que la Guérisseuse aux dons de laquelle mon Père fait appel chaque fois qu'il juge inutile de solliciter les médecins de la Cour. C'est-à-dire, quand la maladie n'est guère explicable par les raisons simples de la science.

Ce dernier temps on est témoin de beaucoup d'infirmités qui dépassent ces raisons-là. Aussi la Guérisseuse est-elle souvent présente au Palais où elle amène sagesse et simplicité, si chères à l'esprit ouvert de mon Père.

Il n'est pas dans ses coutumes de demander des faveurs pour elle ou pour ses proches, et les gens de la Cour ne connaissent sa famille que par les rumeurs qui nous parviennent de la petite ville. Et quels étonnement et même admiration provoqua ce jour-ci cette fille — sa fille adoptive — par le fait même qu'elle l'accompagnait, mais encore plus par sa beauté et son attitude.

Moi-même je quittai mon point d'observation et ma réserve de prince héritier, et me suis abaissé à fouiller dans les informations de miss Staford pour connaître ne serait-ce que son prénom.

Je ne fus pas déçu. Elle s'appelle Astra et ce prénom lui sied à merveille...

... Les premiers astres apparaissent dans le ciel verdâtre au-dessus de l'Andec et sur ses rives s'allument déjà les premiers feux de la Fête... Un astre vu de très près — n'est-ce pas mon rêve ? Je la verrai ce soir, et c'est la seule pensée qui occupe mon esprit. Monsieur de la Pléiade est là, Étoile en sa robe de mousseline, un remue-ménage autour de ma tenue de fête ... et une étoile à l'horizon de cette soirée qui m'appelle... Elle doit être là, dans les prés, avec les autres filles. Est-ce qu'elle chante avec elles ? Le chant des étoiles, le chant des filles, les feux qui illuminent le crépuscule, ma première fête de l'amour !...

Le jour glissait au-dessus de la ligne pourpre de l'horizon sur la roue brillante du soleil, s'en allait, emportait nos chagrins et nos joies éphémères, et sur les rives de l'Andec s'allumaient déjà les feux de la Fête, invitant nos espoirs jeunes et osés à forcer le destin. Dans les eaux vives de la rivière plongeaient les premières étoiles, messagères de la lumière céleste, venues pour nous rappeler qu'un univers invisible veille jour et nuit sur l'effervescence de nos passions et de nos tendresses...

... Les eaux reflétaient les feux, la rivière laissait les flammes couler entre ses rives, et sur les rives chantaient les jeunes filles de Pavitta.

Le feu marquait le destin d'Astra, soit par ses ardeurs soit par sa force dévastatrice, allumait son âme ou réduisait en cendres son passé. La nuit de la Saint-Jean le feu allait illuminer les sentiers inconnus de son avenir, lier les chemins de notre futur commun, embrasé par les flammes des étoiles.

Je croyais le miracle. Ma Mère, et plus tard Gabriel de la Pléiade m'ont appris très tôt que le miracle existe, qu'il donne de la lumière à l'existence, qu'il faut y croire, qu'il faut s'y attendre, que la cavalcade de jours ternes aboutit à l'aube d'un beau matin à la magnificence d'un somptueux lever du soleil, à l'éclat pourpre du Ciel qui nous envoie un signe de bienveillance. Un signe éblouissant ou discret, une déclaration d'amour et de fidélité, gravée à jamais dans notre mémoire et dont le son limpide ne se laisse pas assourdir par le bruit des sabots des cavalcades du Temps qui la suivent...

J'attendais cette déclaration, je prêtais oreille au son de la soirée qui venait avec une promesse de miracle... Sur les rives enflammées de l'Andec chantaient leur attente d'amour les filles de Pavitta...

Dans un groupe, deux yeux d'ambre attirèrent mon regard — Astra ! J'avais l'impression d'entendre sa voix tant ces yeux et son corps dégageaient l'émotion.

Les flammes qui ont englouti le passé d'Astra lui ont conféré leur ardeur pour le présent et l'avenir. Ma jeunesse rêvait de cette ardeur que je sus deviner derrière le calme apparent de cette fille silencieuse et timide. Son silence pouvait éclater en extase passionnée, sa timidité se muait en courage osé aux bornes du désespoir, la flamme régnait sans partage dans son âme — elle ne connaissait pas l'indifférence. L'indifférence qui berçait les courtisans du Palais, l'ingrédient au goût de poison de l'ambiance de mes jeunes années...

Maintenant elle chantait et j'entendais ce chant qui m'amenait dans les prés sans fin de la liberté, une liberté qui sent la sarriette sauvage et écoute enchantée le chant du rossignol. Dans les feux de la Saint-Jean brûlait tout ce qui me rendait esclave, tout ce qui me limitait, tout ce qui empêchait mon envol... Les étoiles descendaient pour allumer de nouveau mon cœur...

Après il y eut ce rite ancestral de quête de l'amour — les filles jetèrent leurs couronnes de fleurs dans les eaux de l'Andec. Dans le sens du courant, nous, les jeunes hommes de Pavitta, attendîmes le flot fleuri pour connaître le destin réservé à nos espoirs.

Un petit pli d'eau, un léger soupir de l'Andec, et une couronne d'étoiles blanches arriva à mes pieds.

Mon cœur reconnut les marguerites qui quelques instants auparavant ornaient les cheveux d'Astra. Loin au-dessus de nos têtes montait mon étoile, un astre inconnu, une amie dont j'ignorais le nom. Dans son éclat, timide et aux étincelles discrètes entrait un autre petit luminaire... Gabriel de la Pléiade souriait, Freulein Lichte essuyait une petite larme d'émotion... et là survint l'impensable...

À quoi pense-t-on quand le rêve devient réalité ? Au bonheur, à l'avenir heureux, à la gratitude qu'on doit aux Cieux... On espère, on craint, on attend, on se prépare à ses futurs exploits, comme moi ce soir-là, illuminé par les flammes que mes amis et moi-même devions affronter pour mériter l'amour de nos promesses. Je pensais à ce saut au-dessus du feu, à ce feu qui marquait la frontière entre l'adolescence et l'age adulte, entre l'insouciance et la responsabilité... En un instant j'aperçus le visage livide d'Astra et ses yeux d'ambre où vacillait la peur, non, l'horreur... À quoi pensais-je quand survint cet impensable miracle ? À ma bravoure, à la consécration de mon amour ? Certainement pas à Astra... certainement pas à son passé englouti par les flammes...

Pourrais-je lui offrir un avenir oubliant le passé, la douleur du souvenir. Le futur existe-t-il en dehors du vécu, l'Éternité en dehors du Temps, le bonheur a-t-il le droit d'oublier les blessures ?

Je médite tout cela maintenant, la nuit de la Saint-Jean retire sa traîne dans un ciel où naît le jour. Le jour se lève, l'aurore pointe dans le bleu profond de la nuit fatiguée son petit nez rose et se met à contempler le monde embelli par son vermeil...

J'ai besoin de cette beauté pour supporter le souvenir de la nuit qui s'en va, pour essayer à comprendre, pour reprendre l'espoir et même pour me souvenir de cette apparition étonnante qui rappelait la légende d'Astra...

... Il surgit de nulle part, du bleu de la nuit, du vermeil des flammes, du vert de la forêt, du passé, de l'avenir, de l'Éternité, un cerf majestueux et beau qui approcha Astra, la prit sur ses bois et la mit sur son dos. La peur disparut du regard de ma bien-aimée, elle ne semblait ni surprise ni affolée, elle tenait à deux mains les bois du cerf et sa posture traduisait une grande confiance. Le cerf survola les feux de la Saint-Jean, d'un bond si haut, si beau, on aurait dit qu'il touchait les étoiles... Quelques instants, un cri de la foule (seuls Gabriel et Clara Lichte restaient sereins), et Astra et le roi des bois disparurent dans la forêt qui sépare le Palais et ses environs de la petite ville de Drian...

Où amenait Astra son étrange monture — dans la légende, ou vers notre avenir commun ? Je n'ai pas de réponse et j'ai besoin de parler avec Monsieur de la Pléiade. J'ai peur et mon cœur exprime son amour naissant dans un cri qui essaie de vaincre le désespoir :

– Où es-tu, Astra ?!...

À suivre...

Émerveillement
Peinture sur taffetas

LXVI

Amitié, peinture sur satin

Des mêmes auteurs :
– **Prodanova-Thouvenin, Svétoslava**
– **Thouvenin, Patrick**
Courriel : **lescheminsduvent@wanadoo.fr**

Chez le même Éditeur :
**Books on Demand GmbH,
12/14 rond-point des Champs Élysées,
75008 Paris, France
www.bod.fr**

Collection
"Contes et Merveilles"
Poésie en prose, contes

Le Ciel des Oiseaux blessés
Paris : Books on Demand
Prodanova-Thouvenin, Svétoslava
- 3e édition révisée :
ISBN 978-2-8106-1342-7
Dépôt légal : août 2011

À l'heure enchantée de l'amour
Paris : Books on Demand
Prodanova-Thouvenin, Svétoslava
- 2e édition révisée :
ISBN 978-2-8106-1349-6
dépôt légal : juillet 2011

Contes du Temps
Paris : Books on Demand
Prodanova-Thouvenin, Svétoslava
- 2e édition :
ISBN 978-2-8106-2238-2
dépôt légal : septembre 2011

Le Continent inexploré
Paris : Books on Demand
Prodanova-Thouvenin, Svétoslava
- 2e édition :
ISBN 978-2-8106-2231-3
dépôt légal : septembre 2011

Dans un Jardin perdus
Prodanova-Thouvenin de Strinava, Svétoslava
à paraître

**Série
"Ad Astra"**
Un roman à suivre, à l'infini...

Ad Astra : Tome 1 : Prologue
**Paris : Books on Demand
Prodanova-Thouvenin, Svétoslava
- 2e édition révisée :
ISBN 978-2-8106-2158-3
dépôt légal : août 2011**

*Ad Astra : Tome 2 : Le journal d'Orion :
Les Feux de la Saint-Jean*
**Paris : Books on Demand
Prodanova-Thouvenin de Strinava,
Svétoslava
ISBN 978-2-3220-3943-2
dépôt légal : août 2015**

Ad Astra : Tome 3 : Le rêve d'Astra
**Prodanova-Thouvenin de Strinava,
Svétoslava
à paraître**

Collection
"Conversations spirituelles"
Essais philosophiques et spirituels

Histoire des Cieux et de la Terre : Tome 1
Paris : Books on Demand
Thouvenin, Patrick
ISBN 978-2-8106-1725-8
dépôt légal : décembre 2011

La Grande Pyramide, Job & Le Livre de Job
Thouvenin de Strinava, Patrick
à paraître

Courriel :
lescheminsduvent@wanadoo.fr

Composition ciselée sur parchemin

LXXIII

LXXVI